Michael Kibler
Best of Darmstadt

MICHAEL KIBLER

BEST OF
DARMSTADT

DIE STADT ENTDECKEN

Alle Rechte vorbehalten · Societäts-Verlag
© 2017 Frankfurter Societäts-Medien GmbH
Satz: Julia Desch, Societäts-Verlag
Umschlaggestaltung: Julia Desch, Societäts-Verlag
Umschlagabbildung: © pure-life-pictures - Fotolia.com
© kathijung - Fotolia.com
Druck und Verarbeitung: CPI books GmbH, Leck
Printed in Germany 2017

ISBN 978-3-95542-245-5

Inhalt

Willkommen in der Stadt der Heiner!

Darmstadt? Reiseziel? Aber sowas von! Denn die Stadt der Heiner, wie sich die Darmstädter selbst nennen (und so heißt auch jener in Bronze gegossene Geselle auf der Nebenseite), bietet für jeden Geschmack etwas: Viele grüne Oasen laden zum Flanieren ein, gleich nebenan gibt es dann Orte, an denen sich trefflich shoppen lässt – oder auch mit Bedacht einkaufen. Die kulinarische Stärkung kommt ebenfalls nirgendwo zu kurz. Die Kultur in dieser Stadt definitiv ebenso wenig. In den Kneipen wird die Nacht zum Tag, schon allein wegen der vielen Studenten, die hier nicht nur studieren, sondern auch leben. Dabei bietet Darmstadt eine seltene, aber wohlbekömmliche Mischung: Sie vereint den Charme einer Kleinstadt mit den Möglichkeiten einer Metropole, na gut, einem Metropölchen.

Doch wie findet man sich im Dschungel der Möglichkeiten zurecht? Hier schließt „Best auf Darmstadt" eine Lücke im Bücherregal der Darmstadtliteratur, die kurz und knapp direkt zu (den) sehens- und erlebenswerten Ecken der Stadt führt. Natürlich ist die Auswahl subjektiv, die Zusammenstellung die eines Menschen, der zum Zeitpunkt des Erscheinens dieses Buches weit über 40 Jahre in der Stadt wohnt und ihre zahlreichen Facetten kennt. Lassen Sie sich also leiten, führen – verführen. Viel Spaß!

Ihr Michael Kibler

Stadtteile,
die Sie erleben sollten

Darmstadt war seit Ende des sechzehnten Jahrhunderts Residenzstadt – davon zeugt noch das große, ja fast überbordende Schloss in der Stadtmitte. Entstanden aus einer Wasserburg, wuchs es parallel zur Bedeutung der Stadt. Um dieses Schloss herum entwickelte sich die Stadt – mit einer engen Altstadt, die heutige Romantiker in Verzückung geraten ließe. Dieser Stadtkern wurde am 11. September 1944 durch britische Bomber komplett ausgelöscht. Er verbrannte. Bis auf ein einziges Haus (siehe Seite 124)

Nach dem Krieg wurde Darmstadts Zentrum wieder aufgebaut – aber eben nicht mehr so, wie zuvor – abgesehen von eben erwähntem Schloss. Eine der Konsequenzen ist, dass sich vieles in den Stadtteilen abspielt, was in anderen Städten eher im Zentrum zu finden ist. Deshalb lohnt der Blick auf die einzelnen Viertel.

Innenstadt / Zentrum

Wer gerne und ausführlich shoppen geht, ist hier natürlich goldrichtig. Mehrere Einkaufsstraßen sind reine Fußgängerzonen, in denen man sich höchstens mal eines Hundes oder eines Radfahrers erwehren muss. Doch nach wie vor ist die Innenstadt auch das kulturelle Zentrum: Staatstheater, Landesmuseum oder die

Centralstation als Veranstaltungszentrum ziehen die Menschen in die Innenstadt – ebenso wie ein modernes Kongresszentrum und zahlreiche Hotels. Man kann sich treiben lassen und an einem der vielzähligen Restaurants und Cafés am Marktplatz ausruhen – mit bestem Blick aufs Schloss.

Martinsviertel

Vom Zentrum aus gesehen liegt das Martinsviertel nordöstlich. Nach einem Spaziergang durch den Herrngarten gelangt man auf gefälligem Weg dorthin. Dieses Viertel war ursprünglich einmal Landwirten und Bauern vorbehalten. Die Einheimischen nennen es „Watzeviertel" – der Watz steht für „Eber". Als Darmstadt wuchs, entstanden hier viele Gründerzeitbauten – die zum Teil den Zweiten Weltkrieg überlebt haben. Doch wurden die wenigsten Häuser nach dem Krieg aufwendig saniert. Deshalb war das Viertel gerade in den siebziger und achtziger Jahren bekannt für wenig Wohnkomfort, aber erträgliche Mieten. Hier lebten die Studenten. Aus dieser Zeit stammt auch die bunte Mischung aus Alternativkultur und manchmal durchaus schrägem Einzelhandel. Diesen Charme hat sich das Quartier auch durch zum Teil sehr aufwendige Restaurierungen nicht nehmen lassen. Zum Schlendern: erste Adresse!

Mathildenhöhe

Die Mathildenhöhe (Seite 142) mit ihrem Hochzeitsturm (Seite 174) ist das Wahrzeichen der Stadt, manchmal auch – nicht zu Unrecht – als Stadtkrone bezeichnet. Initiiert und angelegt durch den letzten Großherzog Ernst Ludwig liegt sie heute nicht mehr außerhalb der Stadt, sondern ist durch die Erich-Ollenhauer-Promenade auf direktem Weg mit dem Zentrum verbunden. Dieses Zentrum des Jugendstils mit seinen umliegenden Straßen und Sträßchen erschließt sich ebenfalls am besten, indem man sich ein wenig treiben lässt. Kulturbeflissene gehen zuvor ins Jugendstil-Museum und haben danach noch einen ganz anderen Blick auf diese einzigartige Anlage – die sich inzwischen auch um den Status als Weltkulturerbe der UNESCO bewirbt.

Bessungen

Bessungen war lange Zeit ein eigenes Städtchen – nein, eine eigene Stadt. Erst in der zweiten Hälfte des 19. Jahrhunderts dehnten sich die beiden Städte so aus, dass sie heute völlig miteinander verschmolzen sind. Auch Bessungen hat die Angriffe im Zweiten Weltkrieg recht gut überstanden, weshalb es auch hier zum Teil noch Straßenzüge mit altem Baubestand gibt. Obwohl seit 1887 eingemeindet, hat sich Bessungen ein gewisses Maß an Eigenständigkeit bewahrt. So gibt es eine eigene Kerb oder auch ein ausgeprägtes eigenes Vereinsleben. Ebenfalls finden sich hier zahlreiche Parks, Kneipen und Restaurants, in denen man sich rundum wohlfühlen kann.

Übernachten in Darmstadt

Übernachten in Darmstadt – kein Problem. Zahlreiche Pensionen, Hotels oder auch die Jugendherberge lassen die Gäste unserer Stadt ruhig schlafen. Da gibt es zum einen Hotelketten, in denen man für wenige Euro eine Nacht verbringen kann. Aber es finden sich auch individuellere Übernachtungsmöglichkeiten.

Während man vom Maritim-Hotel aus etwa bei Nacht über die Stadt schauen kann, eröffnet einem die Jugendherberge einen fast maritimen Blick über den Woog, den innerstädtischen Darmstädter Badesee. Und dann gibt es Destinationen, die einem die Übernachtung quasi unterm Hochzeitsturm der Mathildenhöhe ermöglichen. Oder mitten in der Stadt, unweit des ältesten Hauses am Platz.

hotel friends

Das Hotel „friends" hieß nicht umsonst bis vor wenigen Jahren noch „Hotel Mathildenhöhe" – liegt es doch exakt an der Ostseite der wichtigsten Parkanlage Darmstadts. So muss man zum Spazierengehen einfach nur vor die Haustür treten.

Zum Konzept des Hotels gehören unterschiedlich gestaltete Zimmer. So versetzt einen etwa das Karl-Lagerfeld-Zimmer ins Ambiente des Modezaren. Und im Richard-Burton-und-Elizabeth-Taylor-Zimmer darf man sich ganz als Filmstar fühlen.

Bei gutem Wetter lädt der Garten zum Verweilen ein, der beste Ort, um seine weiteren Streifzüge durch Darmstadt zu planen. Und sollte sich der Radius über die Mathildenhöhe ausdehnen, gibt es sogar hauseigene Fahrräder.

Spessartring 53   Tel. 06151/391550
64287 Darmstadt   www.hotelfriends.de

Kirchstraße 7 – 9   Tel. 06151/996729
64283 Darmstadt   www.bockshaut.de

Bockshaut

Die Bockshaut ist eines der ältesten Gebäude in Darmstadt und seit über 220 Jahren ein Gasthaus. Es liegt unmittelbar zwischen Marktplatz und Stadtkirche, also mittendrin in der Stadt. Durch die zentrale Lage sind alle innerstädtischen Sehenswürdigkeiten in wenigen Fußminuten zu erreichen.

Nicht nur ruhig schlafen lässt es sich dort, sondern auch trefflich speisen: Die Speisekarte führt regionale, hausgemachte Küche, zubereitet aus heimischen Produkten. Natürlich schenkt die Theke auch hessischen Apfelwein aus oder Weine aus der Region. Schmankerl am Rande: 1927 wurde in der Bockshaut erstmals außerhalb Bayerns Weizenbier ausgeschenkt. Und auch der Wirt des Hauses, Reiner Heiß, gibt gern Auskunft darüber, was es auch jenseits der Reiseführer anzuschauen lohnt.

Jugendherberge

Gerade für Radwanderer ist die Jugendherberge in Darmstadt ein perfekter Ort zum Rasten und Ruhen. Das Bett & Bike-Haus liegt am Hessischen Radfernweg R 8 „Westerwald – Taunus – Bergstraße". Für Radler befinden sich im Haus zwei abschließbare Fahrradgaragen und ein Raum zum Trocknen für Kleidung und Ausrüstung.

Über 130 Betten in 32 Zimmern, aufgeteilt in Zwei- bis Vierbettzimmer, die jeweils mit eigener Dusche und WC ausgestattet sind – die Herberge ist komfortabel und preiswert. Auch die Lage ist einzigartig: Das Domizil liegt unmittelbar am innerstädtischen Badesee „Woog" (siehe Seite 178). Damit kann man nach dem Radeln auch die zweite Triathlondisziplin Schwimmen direkt vor Ort trainieren. Ebenfalls liegt das Haus keine fünf Minuten von der Mathildenhöhe (siehe Seite 142) entfernt.

Landgraf-Georg-Straße 119   Tel. 06151/45293
64287 Darmstadt   www.darmstadt.jugendherberge.de

Karolinenplatz 4   Tel. 06151/39140
64289 Darmstadt   www.welcome-hotels.com

Welcome Hotel

Das Welcome Hotel liegt unmittelbar in der Stadt. Das Vier-Sterne-Hotel bietet über 200 Zimmer in sechs Kategorien. Auch eine Wellnesslandschaft fehlt nicht.

Am nebenstehenden Kongresszentrum hält auch der „Airliner" – die direkte Busverbindung zum Frankfurter Flughafen, für Gäste, die Darmstadt aus größerer Ferne besuchen wollen. Die Sonnenterrasse am Karolinenplatz offeriert den Blick auf Schloss, altes Theater und Landesmuseum. Den Verdauungsspaziergang nach dem Mittagessen oder eine Runde Abend-Schlendern kann man unmittelbar vor der Haustür beginnen: Das Gebäude liegt direkt an der innerstädtischen Parkanlage Herrngarten. Übrigens ein hervorragender Startpunkt, um Innenstadt und Martinsviertel zu erkunden.

Maritim

Die Maritim-Hotels haben ihren seeverbundenen Namen aufgrund der Lage des ersten Hauses der Kette am Timmendorfer Strand erhalten. Das Bauwerk in Darmstadt liegt nun mitnichten auch nur an einem Fluss – den Darmbach mal ausgenommen –, nichtsdestotrotz hat es sich in der Stadt einen Namen gemacht. Seit mehr als 35 Jahren steht es in unmittelbarer Nähe des Hauptbahnhofs. 2013 wurde es von Grund auf renoviert.

In den eleganten Hotelzimmern kann man sich wohlfühlen. Neben modernen Hotelstandards verfügt das Hotel auch über allergikerfreundliche Zimmer ohne Teppiche, die Atemwegsallergiker beruhigt schlafen lassen. Ebenfalls für einige relevant: Neben Deutsch, Englisch und Französisch wird im Hotel auch Italienisch, Spanisch, Türkisch, Arabisch und Serbisch gesprochen. Schmankerl zu guter Letzt: In den oberen Etagen hat man einen fantastischen Ausblick über die Stadt oder in Richtung Rheinebene, ebenso bis zum Taunus.

Rheinstraße 105   Tel. 06151/8780
64295 Darmstadt   www.maritim.de

Kranichsteiner Straße 261 Tel. 06151/130670
64289 Darmstadt www.hotel-jagdschloss-
kranichstein.de

Jagdschloss Kranichstein

Das Jagdschloss Kranichstein ist eines der wenigen erhaltenen barocken Jägerhöfe Deutschlands – und hat inzwischen fast 500 Jahre auf dem Giebel. Hier zu übernachten, verspricht daher ganz besonderes Ambiente. Der Gebäudekomplex liegt knapp fünf Kilometer nordwestlich von der Innenstadt entfernt und ist umgeben von Park und Wäldern.

Im Gegensatz zu den altehrwürdigen Mauern genügt die Innenausstattung modernsten Ansprüchen – vom Standardzimmer bis hin zur Diana-Suite, benannt nach der Göttin der Jagd. Über die Jägerei kann man im unmittelbar angrenzenden Jagdmuseum viel erfahren, von den Anfängen bis zur Barockzeit.

Hunde sind im Hotel übrigens herzlich willkommen. Und Schlosspark und angrenzender Wald laden nicht nur die Vierbeiner zum ausgiebigen Frischlufttanken ein.

Lecker Essen und Trinken

Vom Frühstück bis zum Gute-Nacht-Häppchen – Darmstadt ist kulinarisch auf der Höhe der Zeit. Da gibt es die kleinen Cafés mit kaum mehr als fünf Tischen, die einem zum schon fast intimen Frühstück einladen. Dann die etwas größeren Etablissements mit fast überbordendem Büffet. Auch zum Mittagsgericht laden zahllose Restaurants in Darmstadt ein. Ob ein schneller Imbiss im Asia-Restaurant oder ein opulentes Mahl in der traditionellen „Sitte" – in Darmstadt findet jeder Gaumen das Passende.

Die vom Autor beschriebenen Restaurants stellen einen qualitativ hochwertigen Querschnitt durch die Restaurantlandschaft Darmstadts dar. Natürlich können nicht alle kulinarischen Verführer aufgezählt werden – doch die hier genannten sind durch die Bank einen Besuch wert.

Cafe Chaos

Das Cafe Chaos ist Kult. Dieser Begriff wird inflationär verwendet, findet hier aber berechtigt Anwendung. Gefühlt gibt es diese Darmstädter Institution, eine schräge Mischung aus Kneipe und Restaurant, schon immer. Dabei bietet das Chaos ein paar Dinge, die man einfach woanders nicht kriegt: Frühstück gibt es bis 24 Uhr (nein, das ist kein Druckfehler) oder man kann sich auch nur ein Glas Milch bestellen. Besonderen Flair verbreiten über 20 Automaten. Geld einwerfen, Kaugummis ziehen. Oder ein paar Nüsse. Oder Kondome. Gut, das haben andere Kneipen auch. Aber Fahrradbremsbacken, ein Kaleidoskop oder ein Dominospiel aus dem Automaten – das gibt's nur hier.

Über all den Besonderheiten vergisst man, dass hier auch die Standards stimmen: Das Essen ist einfach lecker, ebenso wie der Kaffee oder die Kuchen. Und im Sommer sitzt man entspannt vor der Tür – übrigens ohne Autoverkehr vor der Nase.

Mühlstraße 36   Tel. 06151/0635

64283 Darmstadt   tägl. 9 – 1 Uhr

GETRÄNKE /
SPEISEN /
SPIRITUOSEN

WOOG

Beckstraße 44   Di. – Fr. 8 – 24 Uhr,
64287 Darmstadt   Sa. 9 – 24 Uhr, So. 9 – 21 Uhr
Tel. 06151/4294543   www.woog.me

Woog

An der Südwestseite des innerstädtischen Badesees Woog (siehe auch Seite 178) liegt das gleichnamige Café. Auf der großen Terrasse direkt am Wasser schmeckt der Campari, als säße man an der Riviera. „Genießen am See", so lautet denn auch das Motto. Und das bezieht sich nicht nur auf eine Tageszeit: Vormittags sind die Räumlichkeiten Café, mittags Restaurant und abends Bar.

Besonders zu erwähnen ist die Speisekarte. Sie wechselt täglich und ist nie sehr lang. Hier liegt eindeutig in der Kürze die Würze: Alle Gerichte werden ganz frisch zubereitet, wobei es auch immer wieder Kreationen auf die Karte schaffen, die auf den ersten Blick ungewöhnlich anmuten, wofür dann der erste Biss jedoch stets entschädigt.

Natürlich lässt sich ein Tisch reservieren, oder auch ein Raum, oder das ganze Café für die große Familienfeier. Und der Blick aufs Wasser lädt ein zum Träumen – übrigens zu jeder Jahreszeit.

Café unter den Platanen

Im Sommer hat es seinen ganz eigenen Reiz, unter Platanen auf der Mathildenhöhe (siehe Seite 142) im Freien zu sitzen, den Boulespielern zuzuschauen oder sich einfach die Sonne aufs Gesicht scheinen zu lassen und dazu einen leckeren Cappuccino oder ein noch leckereres Stück Kuchen zu genießen.

Da nun nicht immer die Sonne scheint, hat das Café inzwischen auch ein regendichtes Zuhause gefunden: Aus Holz gezimmert, bietet es im Innern nicht so viele Tische, aber eben auch in der kalten Jahreszeit ein unglaublich gemütliches Ambiente.

Sabaisplatz 1
64287 Darmstadt
Tel. 0172/3236231

Di. – So. 10 – 18 Uhr
www.caferestaurant-
mathildenhoehe.de

Marktplatz 1   Tel. 06151/2787321
64283 Darmstadt

Wunderbar

Wenn über dem Marktplatz die Sonne scheint, dann wird die Wunderbar am Nordrand ihrem Namen völlig gerecht. Und dann schmeckt der Aperol Spritz, der Cappuccino oder die Cola gleich noch mal so gut. An wenigen anderen Orten kann man so schön Leckeres schlürfen und gleichzeitig dem bunten Treiben um sich herum zuschauen. Dabei fällt der Blick auch auf das Darmstädter Schloss oder das altehrwürdige Rathaus. Mit ein bisschen Glück plätschert auch der Marktplatzbrunnen und dann stellt sich nur noch ein Gefühl ein: Idylle pur.

vis-a-vis

„Südfrüchte" kann man über einem der großen Glasfenster lesen. Wie an vielen Orten in Darmstadt zeigt auch das vis-a-vis noch ein wenig der ursprünglichen Wurzeln.

Südfrüchte werden hier nicht mehr feilgeboten – aber sie finden hin und wieder ihren Platz in einer der Suppen der Inhaberin Alex Tucholke. Denn die liebt durchaus auch einmal exotische Kreationen auf ihrer Speisekarte – in diesem Fall die sogenannte „Dschungelsuppe", asiatisch angehaucht, süßsauer und mit Hühnchenfleisch versehen.

Die Idee zur Suppenküche kam ihr 2009, als sie sich nach jahrelanger Erfahrung in der Gastronomie und in diversen Restaurantküchen selbstständig machen wollte. Denn ihre Liebe zur Suppe begleitete sie bereits seit der Kindheit – niedergeschrieben in Kladden, abgeguckt von der Oma oder der Mutter. Und dann stets weiterentwickelt.

Auf der Karte finden sich jeden Tag andere Suppen, mal deftig, mal asiatisch, mal gute Hausmannskost. Dabei stehen auf der Tafel zudem immer vegetarische und sogar vegane Speisen. Dazu gibt's ebenfalls auch Tellergerichte.

Fuhrmannstraße 2
64289 Darmstadt

Tel. 06151/8058339
Mo. – Fr. 12 – 15 Uhr
www.visavis-darmstadt.de

Goebelstraße 21   Tel. 06151/8003033
64293 Darmstadt   tägl. 11.30 – 23.30 Uhr

Khan

Ein mongolisches Restaurant – da darf man ein wenig Exotik erwarten. Und wird auch nicht enttäuscht. Der Gastraum erscheint auf den ersten Blick riesig. Doch den Betreibern ist es gelungen, die ehemalige Werkskantine der Firma Göbel so aufzuteilen, dass man immer ein gemütliches Eckchen findet.

Sehr zu empfehlen ist das Mittagsbüffet, das kaum einen Wunsch offenlässt. Klassische asiatische Gerichte mit Reis oder Nudeln lassen sich hier zusammenstellen. Auch leckere Sushi-Röllchen finden sich, direkt neben frischem Salat und diversen süßen Naschereien zum Nachtisch.

Abends wird dann der Grill unter dem heißen Stein angeworfen – und die Gäste können zusehen, wie ihr Stück Fleisch oder Fisch vor ihren Augen zubereitet wird.

Dank der Größe ist das Restaurant auch für Feiern jeglicher Art geeignet – zumal sich Teile des Raums abtrennen lassen.

Delfino

Direkt neben dem Darmstädter Badesee Woog liegt das Delfino. Ein Blick auf die Speisekarte offenbart: italienische Küche. Carmelo Grida und seine Frau Tanina haben das Restaurant zur Jahrtausendwende eröffnet. Sie beide stammen aus Messina in Sizilien.

Für den Küchenchef ist die Zubereitung leckerer Spezialitäten Berufung und jedes Mal eine Liebeserklärung an seine Heimat. Das schmeckt man, ganz besonders auch bei Speisen, die eben nicht auf der Karte stehen, die aber gern auf Anfrage zubereitet werden.

Natürlich gehören die Lieblingsspeisen der Inhaber auf die Speisekarte: Carmelo liebt ein Kalbsfilet im Pistazienmantel und Rotweinsauce, Tanina einen guten Seeteufel in Sesamkruste mit frischen Feigen. Auch das Weinregal ist gut bestückt: Ob einen Montepulciano, einen Primitivo aus Apulien oder gern mal etwas Besonderes wie einen Bricco dell'Uccellone – die beiden Inhaber und ihre Kollegen, die zum Teil ebenfalls seit dem ersten Tag mit an Bord sind, wissen genau, was zu den Mahlzeiten passt. „Da wir sehr viele Stammgäste haben, kennen wir natürlich die jeweiligen Vorlieben", sagt Tanina.

Fehlt nur noch ein wenig milde Abendsonne und ein laues Lüftchen. Denn dann fühlt man sich auf der großen Terrasse wirklich wie in Carmelos und Taninas Heimat: Bella Italia.

Darmstraße 49   Tel. 06151/4296767
64287 Darmstadt   Di. – So. 11 – 14.30 Uhr und
17.30 – 23.30 Uhr

Asia Dang Dragon

Bei Asia Dang Dragon steht jahrzehntelange Erfahrung am Wok: Dang Minh Duc − die deutsche Anrede lautet Herr Dang − hat mehr als 20 Jahre in Küchen verschiedener Restaurants beste vietnamesische und asiatische Küche kreiert. Auf den ersten Blick ist Dang Dragon ein typisches, asiatisches Schnellrestaurant. Doch wer sich darauf einlässt, vor Ort zu essen, darf nicht nur lecker zubereitete Speisen erwarten, sondern auch liebevolle Dekoration: Das Auge isst mit!

Wie bei vielen asiatischen Restaurants üblich, kann man die Speisen per Nummer bestellen. Und die Lieblingsspeise des Autors trägt die „52".

Dieburger Straße 10 · 64287 Darmstadt
Tel. 06151/9502972 · Mo. – Fr. 11 – 22 Uhr, Sa. 12 – 22 Uhr

EssBAR

Ach, diese Feinkostvitrine! An der kommt man auf dem Weg zu den Tischen nicht vorbei. Und bestellt, noch beeindruckt von der allein optischen Vielfalt, den Vorspeisenteller. Frische und hochwertige Zutaten ohne Aromen und künstliche Zusatzstoffe, das ist die Basis aller Gerichte in diesem kleinen aber feinen Restaurant.

Das Angebot liest man mit weißer Kreide auf schwarzem Schiefer geschrieben: Die mit der Hand verfasste Speisekarte bietet abwechslungsreiche Speisen für jeden Geschmack. Neben dem Restaurantbetrieb kann man zudem beste Weine erstehen. Und gegen ein Korkgeld in geselliger Runde gleich trinken.

Wer nun Lust hat, in der eigenen Küche kreativen Ideen freien Lauf zu lassen, findet in der EssBAR auch eine feine Auswahl an Kochzubehör und Accessoires wie Vorratsdosen, Holzbretter, Essig- und Öl-Karaffen sowie vieles mehr.

die Ess BAR

Bessunger Straße 6   Tel. 06151/64442
64285 Darmstadt   Mo. – Fr. 9 – 23 Uhr
                         www.die-essbar.net

Karlstraße 15   Tel. 06151/22222
64283 Darmstadt   tägl. 11.30 – 0.30 Uhr
www.restaurant-sitte.de

Sitte

Die Sitte ist eines der Urgesteine der Darmstädter Gastronomielandschaft. Gegründet 1877 wird es seit nun über 35 Jahren von der Familie Kierim/Bellin als Familienbetrieb geführt. Die Sitte ist ein großes Haus: Sie bietet in den Innenräumen knapp 200 Gästen Platz, und im Biergarten nochmals rund 100 Menschen.

Die Lokalzeitung, wie sich die Speisekarte des Restaurants nennt, ist breit gefächert, wobei hessische Spezialitäten wie ein Kochkäseschnitzel oder ein hessischer Wurstsalat selbstverständlich ihren Platz haben. Bierkenner kommen hier auch auf ihre Kosten, insbesondere, da im Restaurant immer wieder Saison-Biere angeboten werden wie beispielsweise das Festbier zum Oktoberfest oder das Bockbier Nikolaus.

Ebenfalls interessant für Gäste, die nur einen kurzen Städtetrip planen: Die Sitte hat keinen Ruhetag, sodass man nie vor verschlossenen Türen steht.

Whisky Koch

Der Komiker und Schauspieler Joe E. Lewis brachte seinen Respekt gegenüber Whisky auf humoristische Weise zum Ausdruck: Er sagte: „Wenn mich jemand fragt, ob ich Wasser zu meinem Scotch möchte, antworte ich, dass ich durstig bin und nicht schmutzig."

Viele Regale voll edler Whiskys, die definitv viel zu schade sind zum Verwässern, zieren die Räume des Whiskykochs. Und der seltsame Name ist Programm: Denn Chris Pepper, renommierter Koch und über Jahre hinweg als Küchenchef tätig, zaubert Speisen passend zu unterschiedlichen Whiskys. Seit zehn Jahren laden er und seine Frau Marion ein zum aromatischen Doppel „Whisky & Food": Mit diesem Wissen um Hochprozentiges und Aromen in allen Variationen bewirten Marion und Chris die Kunden in den eigenen Räumen. Und dazu gibt es immer die passenden Malts aus aller Herren Länder, von A wie Aberfeldy bis W wie Wolfburn – wo das (schottische) Whisky-ABC derzeit endet.

Weinbergstraße 2
64285 Darmstadt
Tel. 06151/9927105

Di. – Fr. 16 – 20 Uhr
Sa. 10 – 16 Uhr
www.whiskykoch.de

Shopping

Dem Darmstädter Stadtzentrum fällt es – zugegebenermaßen – seit dem Krieg etwas schwer, architektonisch neuen Glanz zu entfalten. Positiv zu vermerken: Im Gegensatz zu anderen Einkaufsmeilen zieht sich hier nicht eine Einkaufsstraße über mehrere 100 Meter in eine Richtung. Vielmehr fächert sich die Innenstadt auf in viele kürzere autolose Teilstraßen mit Querverbindungen. So kann man wunderbar flanieren und gleichzeitig auf direktem Weg Geschäfte gezielt erreichen. Und das Einkaufsangebot in der City ist überreichlich.

Dennoch: Der Autor möchte hier vor allem Läden vorstellen, die gar nicht in der Innenstadt angesiedelt sind. Die einen ganz besonderen Flair oder ein einzigartiges Angebot haben, das sich in den Kettenfilialen eher weniger findet.

Ob der individuell geschneiderte Hut, der exklusive Tee oder ein hervorragender Whisky – die vorgestellten Geschäfte lassen sich dank des guten Darmstädter öffentlichen Nahverkehrs schnell erreichen. Aber man muss halt genau wissen, wo man hin möchte. Dabei helfen die kommenden Seiten.

Musik im Blumenmeer

CDs, LPs und frische Blumen – diese Kombination in ein und demselben Geschäft dürfte wohl einzigartig sein, über Darmstadt hinaus. Und auch in der Stadt der Heiner gibt es sie erst seit Ende 2016.

Den Blumenladen führt Petra Kalbfuß bereits seit über 30 Jahren. Und auch Georg Kruse, der mit rund 5.000 Tonträgern dort ebenfalls residiert, hat 35 Jahre Berufserfahrung auf dem Buckel. Nachdem er den Laden in der Innenstadt aufgeben musste, fand er zwischen Freesien und Tulpen ein neues Zuhause.

Und nun? Nun kann man beim Probehören einer Einspielung von Richard Wagners Parsifal Odem und Schönheit der Blumenpracht auf sich wirken lassen – oder, während der eigene Strauß gebunden wird, neugierig unbekannten Klängen lauschen. Nicht nur ein Guns n'Roses-Fan hat diesen Laden mit einem Strauß Sommerblumen für die Liebste verlassen. Und „Red roses for me" sehen gleich noch viel besser aus, wenn man die gleichnamige CD der Pogues dazu hört.

Rostropowitsch
Die Edition

Bessunger Straße 54
64285 Darmstadt
Tel. 06151/63984

Mo. 7.30 – 13 Uhr, 14 – 18.30 Uhr
Di. – Fr. 8 – 13 Uhr, 14. – 18.30 Uhr
Sa. 8.30 – 14 Uhr
www.blumen-studio-kalbfuss.de

Riegerplatz 5
64289 Darmstadt
Tel. 06151/716003

Mi. – Fr. 9.30 – 13.30 Uhr,
14.30 – 19 Uhr · Sa. 9 – 14 Uhr
www.teehaus-riegerplatz.de

Teehaus Riegerplatz

Das Teehaus am Riegerplatz hat eine lange Tradition. Doch am Konzept hat sich über die Jahrzehnte wenig geändert: Tee gibt es immer nur vom Feinsten.

Ob eine klassische schwarze Ostfriesenmischung oder ein hochpreisiger Finest Tippy Golden Flowery Orange Pekoe, ob weiß, grün, schwarz oder gemischt – Inhaber Steffen Arnold berät jeden Kunden individuell. Dabei ist er sich nie zu schade, Neugierige einfach einmal probieren zu lassen. „Wer ein bisschen Zeit mitbringt, kann gerne eine Tasse kosten." Dabei wird der Tee dann frisch aufgebrüht – selbstverständlich.

Liegt der Schwerpunkt des Ladens auch auf dem Inhalt der zahlreichen großen Teedosen, aus denen der Tee abgefüllt wird, so fehlen dennoch nicht die nötigen Accessoires: Ob ein leckerer Biowein, frische Gewürze oder ein Teeservice – die Regale im Laden sind reichlich bestückt.

Schmitthut

Am Anfang war der Koffer. Mit ihm reiste Susanne Schmidt vor knapp 20 Jahren von Geschäft zu Geschäft und brachte dort ihre selbst entworfenen und produzierten Hüte an den Mann oder die Frau. Seit 2005 residiert sie im Martinsviertel in ehemaligen Metzgereiräumen. Hier ist Platz für Atelier, Stofflager und natürlich auch den Laden.

Ob klassischer Fedora, ein Topfhut oder ein etwas gewagter Zweispitz – Susanne Schmidt entwirft im Jahr rund zwei Kollektionen. Die kann man vor Ort an- und ausprobieren. Und sich dabei gleich beraten lassen: Welches Modell steht einem? Welche Farbe harmoniert mit Teint und Haar?

Und wenn man trotz des reichhaltigen Angebots nichts findet? Dann gibt es die Möglichkeit, sich sein ganz individuelles Einzelstück fertigen zu lassen.

Arheilger Straße 58
64289 Darmstadt
Tel. 06151/9678430

Mi. – Fr. 11 – 18 Uhr
Sa. 11 – 14 Uhr
www.schmitthut.de

Olbrichweg 13 A   Tel. 06151/133194
64287 Darmstadt   Di. – So. 11 – 18 Uhr
www.mathildenhoehe.eu

Jugendstil-Shop

Die Aussicht der ehrenamtlichen Mitarbeiter des Museumsshops ist schon etwas Besonderes: Durch die Glastür blicken sie direkt auf die Russische Kapelle auf der Mathildenhöhe – einem weltweit bedeutenden Zentrum des Jugendstils. Ihr Laden ist nicht groß. Das achteckige Gebäude entstand als Teil des Ateliergebäudes der Darmstädter Jugendstil-Künstlergruppe im Jahr 1900 nach Plänen von Josef Maria Olbrich. Heute beherbergt das ehemalige Atelier das Jugendstil-Museum.

Ein Museumsladen als Shoppingempfehlung? Klar. Natürlich bekommt man hier die üblichen Souvenier-Verdächtigen wie Postkarten, Magnetbilder oder einen kleinen Mathildenhöheführer. Doch das Jugendstilherz schlägt höher, wenn sein Besitzer den Blick über die Buchrücken im Regal schweifen lässt: Hier finden sich durchaus auch ältere Ausstellungskataloge und zahlreiche Werke zum Thema.

Nicht überall zu bekommen sind ebenfalls die versilberten Replikate von Kerzenständern, Messerbänkchen oder Ornamentkacheln in bester Jugendstiltradition. Sie lassen auch heute noch den Geist des Jugendstils spüren: Gegenstände des Alltags so zu entwerfen, dass sie den Sinnen schmeicheln.

Juwelier Münzer

Natürlich gibt es auch in Darmstadt zahlreiche Juweliere, die all jene Accessoires anbieten, mit denen Damen und Herren sich schmücken können. Doch dieser Juwelier bietet eine Darmstädter Besonderheit exklusiv an: den Darmstadtring. Seit 2013 ist er im Programm des Juweliers Münzer am Luisenplatz.

Den Ring zieren mehrere typische Motive der Stadt, etwa den Langen Ludwig, die Kirche St. Ludwig oder den weißen Turm und das alte Rathaus. Dass die Darmstädter sich mit ihrem Ring identifizieren können belegt unter anderem, dass er bereits über eintausendmal verkauft wurde. Natürlich stets in passender Größe und einer Farbe, die dem oder der Tragenden besonders zusagt.

Das Juweliergeschäft Münzer hatte seinen ersten Sitz 1959 in einer der Laden-Baracken entlang der Wilhelminenstraße – also dort, wo heute das Luisencenter steht. Markus und Bettina Münzer führen das Geschäft nun in zweiter Generation.

Luisenplatz 7
64283 Darmstadt
Tel. 06151/23244

Mo. – Fr. 10 – 19 Uhr
Sa. 10 – 16 Uhr
www.juwelier-muenzer.de

Robert-Schneider-Straße 20   Tel. 06151/719115
64289 Darmstadt   Mo. – Fr. 10 – 18.30 Uhr
www.gruenersalon.de

Grüner Salon

Salon – das Wort hat mehrere Bedeutungen. Zum einen bezeichnet es einen großen Saal, zum anderen einen meist privaten gesellschaftlichen Treffpunkt für Diskussionen, Lesungen oder musikalische Veranstaltungen. Auch wenn im Grünen Salon solche Veranstaltungen nicht stattfinden, verbreitet er doch Heimeligkeit und Gemütlichkeit, die weit über die Bezeichnung eines großen Raumes hinausgehen.

Was man dort kaufen kann? Das ist vielleicht die falsche Frage. Was inspiriert einen? Was spricht einen an? Der Schal dort an dem Ständer? Das Kleid mit Punkten nebenan? Oder doch eher das Set von schön geformten Gläsern, der originelle Sonnenschirm oder die bunte, wasserdichte Fahrradtasche, die man aber auch bequem über die Schulter hängen kann?

Ein Besuch im Grünen Salon ist eine Kur für die Sinne, die all jene Eindrücke auf sich wirken lassen dürfen. Im Grünen Salon kauft man nicht ein. Im Grünen Salon lässt man sich verführen.

Oxfam Shops

Oxfam ist eine Hilfsorganisation, die sich weltweit für eine Welt ohne Armut einsetzt. 1942 gegründet, ist sie inzwischen in 90 Ländern weltweit aktiv.

In Deutschland gibt es rund 50 Oxfam-Läden, in denen mehr als 2.900 ehrenamtliche Mitarbeiter gespendete Gebrauchtwaren verkaufen. Mit den Erlösen werden die Ziele der Organisation finanziert.

Auch in Darmstadt gibt es zwei Shops, die beide einen Besuch wert sind: Der Laden in der Rheinstraße ist ein kleines Kaufhaus, das einlädt zum Stöbern. Vom Teeservice über den Mantel bis zur Tischdecke findet sich dort alles, was im Haushalt notwendig oder hübsch anzuschauen ist. Der zweite Laden in der Schulstraße ist ein Mekka für Bücherfreunde und Schallplattenliebhaber – und auch für Interessenten an CDs und DVDs. Ob Krimi, Sachbuch oder Regionalia, ob Jazz, Oper oder Helene Fischer – hier findet sich immer eine Überraschung!

Rheinstraße 12b · 64283 Darmstadt
Tel. 06151/273572 · Mo. – Fr. 10 – 18.30 Uhr, Sa. 10 – 14 Uhr

Oxfam Buchshop Darmstadt
Schulstraße 16 · 64283 Darmstadt
Tel. 06151/273833 · Mo. – Fr. 10 – 18 Uhr, Sa. 10 – 17 Uhr

Karlstraße 64
64285 Darmstadt
Tel. 06151/1591739
Di., Do – Fr. 9.30 – 18.15 Uhr

Mi. bis 13.15 Uhr
Sa. bis 14.15 Uhr
darmstaedter-
kaffeeroesterei.heiping.de

Heiping

Heiping – den Namen dieses Ladens versteht auch ein Darmstädter nicht auf Anhieb. Die erste Silbe leitet sich ab von „Heiner", den Namen, den sich die Darmstädter selbst gegeben haben. Das ping stammt vom „Lapping" – ein anderes Wort für Hase und die Bezeichnung für die Bessunger Bürger der Stadt.

Und was gibt es dort? Drei Dinge: Zum einen beherbergt Heiping die Darmstädter Kaffeerösterei. Und wer einmal einen solchen selbst Gerösteten probiert hat, möchte auf jeden Fall mehr! Und warum dieser Kaffee besser schmeckt als die Ware aus dem Lebensmittelladen nebenan, das erklärt Ihnen Inhaberin und Chefrösterin Dr. Ursula Ripper gerne selbst.

Die zweite „Ware" sind Weine – und zwar jene aus der Region. Wobei sich inzwischen auch die Rotweine nicht mehr verstecken müssen. Aber keine Angst: Die regionalen Rebensäfte teilen sich die Regale mit ein paar ausgewählten italienischen.

Schließlich können Sie hier regionale kulinarische Spezialitäten erstehen: Odenwälder Schinken, Pestos und Chutneys, Käse und Marmeladen: Alles, was in Südhessen gut und lecker ist, findet sich hier im Helping. Eine der schönsten Arten, die Region kennenzulernen!

Unverpackt

Inzwischen sind die ersten Plastiktüten bis zu den Eisbären in die Arktis gelangt – vielleicht der richtige Moment, über das eigene Einkaufsverhalten nachzudenken. Eine Möglichkeit, konsequent auf überflüssige Verpackung zu verzichten, bietet der Laden „Unverpackt". Wer dort einkauft, kann seine eigenen Behältnisse einfach mitbringen. Dank einer Waage lässt sich schnell feststellen, was gekauftes Produkt und was mitgebrachte Hülle ist.

In den Regalen findet sich alles, was man zum täglichen Leben braucht: Lebensmittel aller Art, Gewürze, Kaffee und Molkereiprodukte. Auch Obst und Gemüse aus der Region gibt es unverpackt. Des Weiteren finden sich für die Körperhygiene die passenden Produkte sowie Reinigungsmittel für Wäsche und Fußboden. Wer einkaufen möchte und gerade keine Verpackung in der Handtasche hat, dem wird geholfen: entweder durch Stofftaschen oder Papiertüten. Nur Plastiktüten, die wird man hier nicht finden.

Gutenbergstraße 5b   Mo. – Fr. 10 – 19 Uhr
64289 Darmstadt   Sa. 10 – 14 Uhr
Tel. 0178/2815598   www.unverpacktdarmstadt.com

Kneipen

Wenn das Tagwerk vollbracht ist und man sich nach geselliger Runde sehnt, dann schlägt die Stunde der Darmstädter Kneipen. Ob mit oder ohne Rauch, ob laut oder eher leise, ob irisch, kubanisch oder gutbürgerlich Deutsch – die Kneipenvielfalt Darmstadts sucht ihresgleichen.

Auch die hier ausgesprochenen Empfehlungen stellen nur einen kleinen Teil der großen Darmstädter Kneipenlandschaft dar. Zumeist finden sich unweit der Genannten auch noch weitere zu Entdeckende.

Und dennoch: Bei den Erwähnten kann man wenig verkehrt machen. Stürzen Sie sich ins Darmstädter Nachtleben. Und genießen Sie die Darmstädter Kneipenkultur!

Der Biergarten

Nun, fangen wir mit den Kneipenempfehlungen mit einer Kneipe an, die eigentlich gar keine ist: Für gewöhnlich haben Gasthäuser ein Dach über dem Kopf. Das Dach im Darmstädter Biergarten überdeckt vielleicht nur ein Zehntel des gesamten Raumes – Zuflucht für Unverzagte, falls der Regen zuschlägt. Dafür ist der Darmstädter Biergarten eine Institution. Schließlich befand sich hier einmal eine der ehemals 26 Darmstädter Brauereien.

Ansonsten: Das Ambiente ist – zumindest für Besucher, die nicht gerade aus München kommen – etwas ganz Besonderes: Uralte Kastanienbäume spenden Schatten, während man ein frisch Gezapftes genießt. Die Küche lässt nichts zu wünschen übrig: Gut Hessisches findet sich neben Bratwurst und Pommes – und selbst die sind lecker. An Tagen, an denen es richtig warm ist, wird dann auch das Feuer entfacht. Bedeutet: Steaks direkt vom Grill.

Auch die Kleinen sind hier willkommen – ein großer Spielplatz bietet Raum zum Toben. Und die Vierbeiner bekommen immer ein Schüsselchen Wasser.

Dieburger Straße 97   Di. – Sa. 15 – 23 Uhr
64287 Darmstadt   Sonn- u. Feiertag 12 – 22 Uhr
Tel. 06151/43855   www.biergarten-darmstadt.de

Erbacher Straße 5
64283 Darmstadt
Tel. 06151/9185217

Mo.–Mi. 18–1 Uhr · Do.–Sa.
18–2 Uhr · So. 12.30–23 Uhr
www.green-sheep.de

Green Sheep

Eine Weide voll grüner Schafe zieht sich über den Tresen und über die Regale der gleichnamigen Kneipe. Ein typisches Ireland-Pub, mit Guinness, Kilkenny und anderen irischen Spezialitäten. Wobei die Whiskys durchaus auch aus Schottland kommen dürfen, insbesondere von Islay. Achim Taferner, Wirt der Kneipe, kennt sich aus mit jenen Getränken, die das Beste sind, was man aus gegorenem Getreide herstellen kann. Sláinte!

Klar, Bundesliga kann man hier auch schauen, solange die Bayern oder die Darmstädter auf dem Feld kicken. Muss man aber nicht. Denn der große Raum im ersten Stock ist fernsehfrei.

Dann kann es allerdings passieren, dass dort Live-Musiker auftreten. Oder eines der legendären Pub-Quiz' stattfindet. Und wem einfällt, dass da doch ein kleines Hüngerchen im Magen rumort, dem kann geholfen werden: Küchenchef Norbert kredenzt nicht nur eine leckere Pizza, sondern auch ein fantastisches Rumpsteak!

Rühmann's

Auch im Süden Darmstadts finden sich coole Kneipen. Bestes Beispiel: das Rühmann's. Auch so ein Darmstädter Faktotum. Bier aus der Stadt: von der Brauerei Grohe oder der Darmstädter Brauerei. Zudem: Schmackhafte hessische Küche mit Kochkäs', Handkäs', Heringssalat, grober Bratwurst und Bratkartoffeln.

Wie überall im Darmstädter Stadtteil Bessungen (und natürlich nicht nur da) ist das mit den Parkplätzen so eine Sache. Doch die Tram fährt fast direkt vor die Tür, und auch die Motordroschken mit den hübschen gelben Schildern stehen nicht weit entfernt.

Spielen die Temperaturen mit, kann man im Rühmann's auch prima draußen sitzen. Ein Darmstädter Kneipenerlebnis pur.

Karlstraße 113
64285 Darmstadt
Tel. 06151/25817

Mo – Fr. 17 – 24 Uhr
Sonn- und Feiertag 17 – 23 Uhr
www.ruehmanns.de

Lauteschlägerstraße 42
64289 Darmstadt
Tel. 06151/710459
Mo., So. 11 – 1 Uhr

Di. – Do. 17 – 1 Uhr
Fr. 17 – 2 Uhr
Sa. 15 – 2 Uhr
www.havana-da.de

Havanna

Kubas Hauptstadt Havanna: das Zentrum des Salsa. Und der Salsa. Übersetzt heißt Salsa eigentlich nichts anderes als Soße. Aber im weiteren Sinne ist es ein Lebensgefühl: die Musik, der Tanz und natürlich auch die kubanische Küche.

Ein wenig dieses Gefühls fängt das Havanna in Darmstadt ein. Durch die Musik aus den Lautsprechern, durch das Ambiente, durch die köstlich kubanische Küche. Raffinierte Soßen, Dressings und Dips nach landestypischen Rezepturen, selbst mit ausgewählten Zutaten hergestellt und immer wieder mit „tropischen" Akzenten verfeinert – das umschreibt ungefähr die Speisekarte.

Auch Cocktails und Longdrinks finden sich in reichlicher Auswahl. Und wenn man im Sommer im Garten sitzt, fühlt man sich fast ein wenig in die Karibik versetzt.

Lilienschänke

Ach, die Darmstädter Lilien. Als Fan des Darmstädter Fußballklubs, der eigentlich auf den Namen SV98 hört, ist man immer wieder leidgeprüft – aber auch immer wieder von überraschenden Höhenflügen euphorisiert. Unmittelbar neben dem Heimstadion des Vereins befindet sich die Lilienschänke.

Blauweiß, so die Vereinsfarben, dominieren, und auch die namensgebende Lilie findet sich oft in der Ausstattung. Dazu gibt es lecker Darmstädter Bier vom Fass und eine Speisekarte, die sich sehen lassen kann. Ob Schnitzel oder Spaghetti – hier schmeckt es. Und der legendäre Lilienburger XXL allein ist eine Reise wert.

Die Fotos an den Wänden zeugen vom Auf und Ab des Vereins – und man ist sehr schnell im Gespräch mit den Einheimischen, die einem die Gründe für die Aufs und vor allem für die Abs dezidiert erklären können, wenn man darauf Wert legt. Doch auch für Nichtfußballer ist die Lilienschänke einen Ausflug wert.

Nieder-Ramstädter Straße 170   Sa., So. 12 – 23 Uhr
64285 Darmstadl   bei Heimspielen ab 11 Uhr
Tel. 06151/1595775   www.lilienschaenke-
Mo. – Fr. 17 – 23 Uhr   sportsbar.de

Kultur

In den siebziger Jahren nannte sich Darmstadt die „Stadt der Künste". 40 Jahre zuvor war sie „Stadt im Walde", heute heißt der Slogan „Stadt der Wissenschaft". Die Namensgeber in den siebziger Jahren hatten nicht Unrecht: In Darmstadt blüht die Kultur. Vom kleinen Theater um die Ecke bis zum großen Staatstheater, von der winzigen Bühne in der Kneipe nebenan bis zur Centralstation, von der Fotoausstellung im Café bis zum Landesmuseum.

Besonders in diesem Bereich kann „Best auf Darmstadt" seinem Anspruch kaum gerecht werden. Zu viel gibt es in dieser Stadt zu entdecken. Hier lohnt es sich allemal, die Stadtmagazine zu studieren. Eine Aussage ist auf jeden Fall unbestritten: Auf kultureller Ebene findet sich in Darmstadt für jeden etwas. Die hier vorgestellten Orte stellen lediglich die Eckpfeiler eines großen, großen Feldes dar. Aber gleichzeitig sind sie eine gute Orientierung.

Centralstation

Seit der Jahrtausendwende spielt die Musik in der Centralstation. Und das ist auch gut so, in Anlehnung an einen Berliner Politiker. Auf zwei Bühnen präsentieren sich heute Künstler und Musiker dem Darmstädter Publikum.

Ursprünglich war die Centralstation ein Elektrizitätswerk, genau genommen 1888 das dritte Elektrizitätswerk weltweit. Nach dem Krieg diente sie als Schaltwerk bis 1976, dann stand die Halle leer. Ob Literaturlesung oder Musikkonzerte – die Centralstation bietet den Darmstädtern alles. Selbst ein internationaler Salsa Kongress gab sich hier 2001 ein Stelldichein. Auch der Autor dieses Buches durfte in der Centralstation bereits aus seinen Werken lesen.

Also eigentlich ist sie nicht mehr wegzudenken aus der kulturellen Szene Darmstadts, die Centralstation. Und nicht nur weithin bekannte Künstler treten hier auf. Aber so richtig falsch liegen kann man nie, wenn man sich hier eine Veranstaltung anschaut.

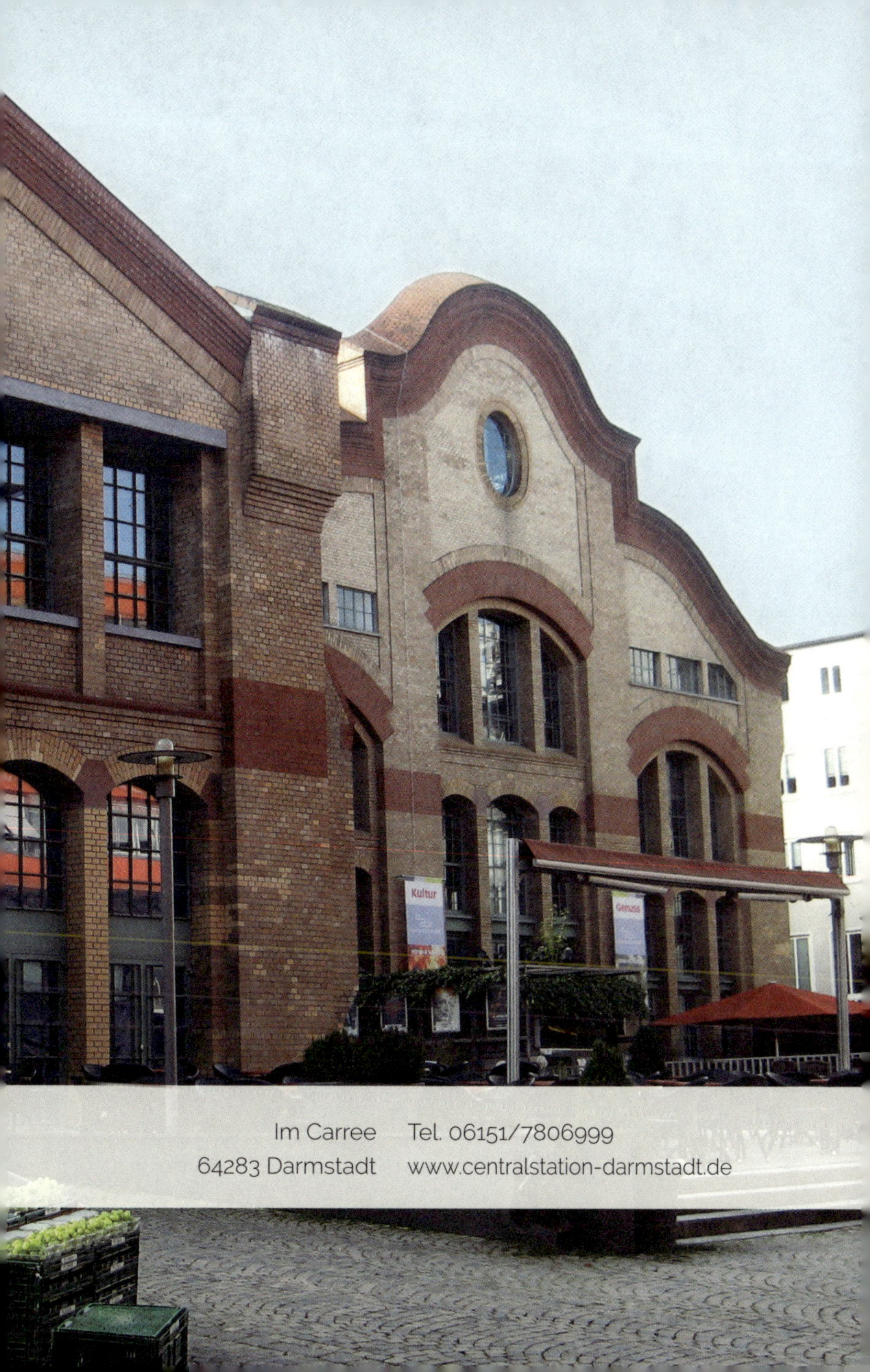

Im Carree   Tel. 06151/7806999
64283 Darmstadt   www.centralstation-darmstadt.de

Goldene Krone

Hier steppt der Bär! Und das seit über 40 Jahren. Für alle Jungen und Junggebliebenen. Dabei entzieht sich die Krone jeglichen Schubladendenkens. Sie ist eine Kneipe. Sie ist eine Disco. Sie ist eine Konzerthalle. Auf jeden Fall eine, wenn nicht die Institution in Darmstadt!

Beheimatet ist die Krone im einzigen Haus der Altstadt, das den Feuersturm im Zweiten Weltkrieg überlebt hat. Sowie auch alle anderen Kriege der vergangenen fast 400 Jahre. Irgendwie ein Omen. Heute denkmalgeschützt, spielten hier einstmals Nina Hagen oder BAP, Trio oder Extrabreit, Ideal oder Eric Burdon. Die Bands, die gegenwärtig hier auftreten, sind alle nicht so bekannt. Oder noch nicht. Wer weiß das schon im Voraus.

In der Kneipe der Krone spielen immer wieder Live-Musiker. Was einige Gruppen nicht daran hindert, gleichzeitig die Tischkicker zu malträtieren. Oder im Flur aus einer echten Jukebox alte 45er(!!) zu hören. Jeder wie er mag.

Darmstadt? Neben allem Jugendstil und aller Wissenschaft ist Darmstadt auch: Die Krone.

Bessunger Knabenschule

Die Bessunger Knabenschule hat eine lange Geschichte. 1878 wurde sie gebaut, dann folgte wechselvolle Geschichte. Seit 1983 ist sie ein sogenanntes soziokulturelles Zentrum. Das bedeutet? Acht Proberäume für ca. 20 Musikbands, eine Fahrradwerkstatt und zwei Partykeller, die am Wochenende für private Feste vermietet werden, zwei Krabbelstuben, ein Kindergarten und einen Hort. Und die Kultur für die Bürger? Im großen Veranstaltungsraum, der ehemaligen Turnhalle, mit Platz für 200 Zuschauer. Jazz, Rock, Pop, Weltmusik, Kleinkunst und Theater haben hier ihre Heimat vor dem Publikum. Auch die Darmstädter Krimitage finden hier im März jeden Jahres statt.

Unterm Strich? Ein Ort, an dem man viele Entdeckungen machen kann, durchaus jenseits des Mainstreams. Aber ein Ort, an dem Sie keine schlechten Erfahrungen machen werden.

Ludwigshöhstraße 42   Tel. 06151/61650
64285 Darmstadt   www.knabenschule.de

Wilhelminenplatz 9   Tel. 06151/99680
64283 Darmstadt   www.sankt-ludwig-darmstadt.de

St. Ludwig

Die Kirche St. Ludwig ist nur eine der zahlreichen Kirchen in Darmstadt. Und doch ist sie ein ganz besonderer Ort. 1827 fertiggestellt, nach dem Vorbild des Pantheon in Rom, 2002 – 2005 restauriert, ist die heute neben einem sakralen Ort auch ein Hort der Kultur. Wie im römischen Pantheon fällt Tageslicht nur durch eine neun Meter weite, kreisrunde Öffnung im Kuppelscheitel ein.

Aber St. Ludwig ist auch ein Ort, an dem viele Konzerte stattfinden. Kirchenchor, Choralschola und Vocalensemble gestalten regelmäßig Gottesdienste und Konzerte. Aber externen Musikern wird in der Kirche ebenso immer wieder eine Plattform geboten.

Eine fantastische Akustik, eine superbe Orgel – hier ist ein Hort der abendländischen Musik. Ein Konzert im Darmstädter Pantheon sollten Sie sich daher nicht entgehen lassen.

Waldkunstpfad

„Kunst" und „Wald" sind Begriffe, die man gemeinhin nicht direkt miteinander in Bezug setzt. Anders in Darmstadt. Im Forst zwischen dem Böllenfalltor und der Ludwigshöhe wird bereits seit über 15 Jahren ein Waldkunstpfad inszeniert: Werke von den Künstlern werden hier im Freien ausgestellt, für jeden sichtbar und auch fühlbar.

Derzeit installiert ist der achte internationale Waldkunstpfad unter dem Motto „Kunst und Transformation". Wer den gesamten Weg ablaufen möchte, muss etwa zweieinhalb Kilometer durch die frische Luft wandern. Dabei gilt es dann rund 40 Kunstwerke zu entdecken – gestaltet von Künstlern aus 36 Ländern.

Die Köpfe hinter der ausgefallenen, aber inzwischen etablierten Idee gehören zum Verein für internationale Waldkunst e.V. in Darmstadt mit dem Sitz im Internationalen Waldkunst Zentrum. Natürlich können auch Führungen gebucht werden – sowohl über Darmstadt Stadtmarketing als auch direkt über das Zentrum selbst.

Ludwigshöhstraße 137   Tel. 06151/7899537
64285 Darmstadt   www.waldkunst.com

Georg-Büchner-Platz 1   Tel. 06151/2811600
64283 Darmstadt   www.staatstheater-darmstadt.de

Staatstheater

Knapp 1.000 Plätze im großen Haus, knapp 500 im kleinen Haus – das Staatstheater Darmstadt hat genug Raum für alle. Diesen Platz bietet es seit 1972, seit es im modernen Neubau des Darmstädter Architekten Rolf Prange am Georg-Büchner-Platz seine Heimat hat.

Weit mehr als 200.000 Besucher pro Jahr – das zeigt, dass das Darmstädter Theater seinen Rang hat auf der internationalen Bühne der Theater. Ob Oper, Tanz, Schauspiel und Konzertwesen. Ob die Zauberflöte von Mozart oder der gesamte Ring von Richard Wagner – in Darmstadt kommt es auf die Bühne.

Aber auch kontrovers diskutierte Theaterstücke kann der geneigte Besucher sich zu Gemüte führen. Und Studierende der TU Darmstadt können seit 2009 mit dem Theaterticket kostenlos und unbegrenzt die Vorstellungen besuchen. Theater für die Bürger. At its best.

Mollerhaus

Das Theater im Mollerhaus ist das Zentrum der Freien Theaterszene in Darmstadt. Dementsprechend vielfältig ist das Programm. Ob Comedy, Satire, Theater, Musik, Clownerie oder eine Mischung zwischen den einzelnen Gattungen – hier sind sie zu Hause.

Das Gebäude selbst wurde 1818 eingeweiht als Versammlungshaus für die zuvor gegründete Freimaurerloge. 1944 wie der Rest der Stadt komplett zerstört, wurde in den sechziger Jahren an gleicher Stelle ein Neubau errichtet. Während die Freimaurer im ersten Stock nach wie vor ihr Domizil haben, finden im Erdgeschoss die Darbietungen der Freien Theaterszene statt. Auch ein Beispiel für das vorurteilsfreie Nebeneinander verschiedener Gemeinschaften.

Reisenden sei besonders der „Mollerkoller" empfohlen, in dem an einem Abend gleich mehrere Kleinkünstler auftreten, unter der gewohnt charmanten Moderation von Rainer Bauer. Geheimtipp!

Sandstraße 10   Tel. 06151/26540

64283 Darmstadt   www.theatermollerhaus.de

Friedensplatz 1
64283 Darmstadt
Tel. 06151/1657000

Di., Do., Fr. 10 – 18 Uhr
Mi. 10 – 20 Uhr
Sa., Sonn- und Feiertag 11 – 17 Uhr
www.hlmd.de

Landesmuseum

Das Landesmuseum in Darmstadt darf sich einige Plaketten ans Revers heften: Es ist eines der ältesten öffentlichen Museen Deutschlands und es ist eines der wenigen Universalmuseen mit umfangreichen ständigen Sammlungen. 1820 wurde es gegründet und bis heute ständig erweitert. Für jegliches Interessensgebiet offeriert es eine interessante Sammlung. Ob Geologie, Paläontologie, Zoologie oder Mineralogie, ob Gemälde, Skulpturen oder jüngste kunstgeschichtliche Entwicklungen − das Landesmuseum vereint alles unter einem Dach.

Sieben Jahre lang − von 2007 bis 2014 − war es geschlossen. Der Grund: eine komplette Sanierung. Ein besonderes Schmankerl: die Dioramen. Seit 110 Jahren grüßen diesseits der Scheiben Tiere aller Kontinente den Besucher. Gerade ihre Restaurierung nahm einen großen Teil der Sanierung in Anspruch.

Schmankerl Nummer zwei: der Wald der Skulpturen. 2004 überließ ihn der Schweizer Sammler Simon Spierer dem Hessischen Landesmuseum. Die Werke sind eine einzigartige Sammlung von Skulpturen aus den vergangenen 100 Jahren.

Schmankerl Nummer drei: Leuchtende Steine. Nur bei UV-Licht. Aber das sieht man sich am besten vor Ort an.

Für die Beschreibung von Schmankerl 4 bis 1.134 ist hier leider kein Platz mehr...

Mathildenhöhe

„Entschuldigen Sie, zum Kurzfassen hatte ich leider keine Zeit."
An diese fadenscheinige Erklärung musste der Autor öfters den-
ken, als er den Text zur Mathildenhöhe verfassen sollte.

Hier also der Versuch: Der letzte Großherzog Ernst Ludwig hatte
kurz vor Ende des 19. Jahrhunderts eine tolle Idee: „Ich suche
mir ein paar Künstler und die präsentieren mir dann, wie man
Kunst ins alltägliche Leben integrieren kann." Das Ergebnis: die
erste Jugendstil-Ausstellung in Darmstadt, 1901. Ein voller Erfolg.
So genial, dass schon 1904 die nächste Ausstellung auf demselben Gelände präsentiert wurde, ebenso wie 1908 und 1914.

Mit dem Ersten Weltkrieg war dann Schluss. Mit dem Wirken
des Großherzogs. Und mit den Jugendstilausstellungen. Aber die
Mathildenhöhe wurde zum Wahrzeichen Darmstadts, insbesondere der Hochzeitsturm.

Geblieben ist heute: Die Anlage, wie sie 1914 ungefähr ausgese-
hen hat. Der Platanenhain, mit Café. Das Ausstellungsgebäude.
Die Russische Kapelle, aber die war ja auch schon vorher da. Und
das Museum über die Jugendstilausstellungen von 1901 – 1914.
Wo man ein bisschen mehr Platz hat, die Ausstellungen und ihre
Auswirkungen bis heute detaillierter darzustellen. Ein Besuch
des Museums sei also jedem ans Herz gelegt, dem dieser Text
hier zu kurz erscheint.

Mathildenhöhe   Tel. 06151/132778
64287 Darmstadt   www.mathildenhoehe.eu

Grüne Oasen

In der Mitte des vergangenen Jahrhunderts trug die Stadt Darmstadt den Beinamen: die Stadt im Walde. Nach wie vor ist sie umgeben von dichten Wäldern, besonders in Richtung Süden und Osten, denn dort beginnt der Odenwald.

Auch wenn im Innern der Stadt die Wälder fehlen, so zeigt dennoch ein Blick aus der Vogelperspektive, dass Darmstadt eine sehr grüne Stadt ist. Dazu tragen ganz besonders die zahlreichen Parks bei, die jeweils ihren eigenen Charakter und Charme besitzen. Damit gehört Darmstadt zu den Großstädten, in denen die nächste grüne Oase höchstens zehn Fußminuten entfernt ist.

Gönnen Sie sich einige Momente der Entspannung, beim Spazieren oder Flanieren oder vielleicht auch nur beim Ausruhen auf einer Bank, umgeben von Grün, und doch mitten in der Stadt.

PS: Auch im kälteren Halbjahr lohnen die meisten Spaziergänge.

Herrngarten

Mitten in der Stadt, fast direkt hinter dem Schloss, unweit der pulsierenden Geschäftszeilen der Stadt, zieht sich Darmstadts größter und ältester Park in Richtung Norden. Seine Geschichte lässt sich bis ins 16. Jahrhundert zurückverfolgen, ursprünglich angelegt als „Herrschaftlicher Hof- und Küchengarten".

Im 18. Jahrhundert gestaltete Landgräfin Karoline den Garten nach englischem Vorbild um. Wenig später wurden zwischen Schloss und Garten Gebäude errichtet, die den Park weiter vom Schloss entfernten. Doch inzwischen hatte der seinen bis heute bestehenden Charakter erhalten: Der Wechsel zwischen offenen Wiesen, einem Teich, geschwungenen Wegen und wohlgesetzten Bauminseln lädt bis heute ein zum Spazieren und Genießen. Und in der Mitte des Parks lässt es sich entspannt verweilen.

Im Park pulsiert zudem das Leben, im Sommer sind die Wiesen Treffpunkt und Ort spontaner Picknicks. Und im Musikpavillon, gebaut in den fünfziger Jahren, finden zudem immer wieder Konzerte statt.

Schloßgartenstraße / Karolinenplatz · 64289 Darmstadt

Schlossgraben · 64283 Darmstadt

Schlossgraben

Das Darmstädter Schloss prägt eine lange Geschichte: Bereits im 14. Jahrhundert wurde hier eine Wasserburg errichtet. Auch die Baugeschichte ist eine turbulente: Mehrfach sollte das Schloss abgerissen und durch ein größeres, noch schöneres, den Idealen der Zeit entsprechendes ersetzt werden. All dies hat immer nur teilweise geklappt, bevor den jeweiligen Bauherren das Geld ausging ... Deshalb ist das Darmstädter Schloss auch ein Sammelsurium verschiedener Baustile.

Doch wie auch immer das Schloss umgebaut werden sollte: Der Schlossgraben stellte die natürliche Grenze der Bebauung dar. Im Jahre 2014 fing die Stadt an, den Schlossgraben der Bevölkerung zugänglich zu machen. Nun ist es ein kleiner Park, mitten in der Stadt gelegen. Wandelt man zwischen Brunnen, Buchen und Bebauung, genießt man gleichzeitig – obwohl man sich wahrlich mitten in der Stadt befindet – eine unglaubliche Ruhe. Der Schall wird abgehalten von den dicken Mauern, die das Grün von der Außenwelt trennen. So lohnt sich das Flanieren auch mal eben während des Shoppings. Auf einer der Bänke kommt man schnell zur Ruhe.

Rosenhöhe

Wo heute Rosen blühen, da gedieh noch bis zum Ende des 18. Jahrhunderts der Wein. Der, ganz subjektiv, schönste Garten Darmstadts wurde Anfang des 19. Jahrhunderts im Auftrag der Großherzogin Wilhelmine gestaltet und veränderte über die Jahrzehnte hinweg sein Aussehen. Heute noch erhalten aus dem frühen 19. Jahrhundert ist das zweigeschossige, klassizistische Teehäuschen.

Das Rosarium ist das gartenbauliche Herzstück des Parks. Es geht zurück auf den Großherzog Ernst Ludwig, der die gesamte Parkanlage im Jahr 1900 in Besitz nahm. Eine Mischung aus italienischer und englischer Gartenarchitektur bildet den Rahmen um unterschiedlichste große Bepflanzungen – Rosenkenner kommen hier ganz auf ihre Kosten, Laien selbstverständlich auch. Nach dem Zweiten Weltkrieg verwildert und als Landwirtschaftsfläche genutzt wurde das Rosarium erst Ende des 20. Jahrhunderts, nachdem es in den Besitz der Stadt überging, liebevoll wieder hergerichtet – ebenso wie der ganze Park. Gleichzeitig ist die Rosenhöhe auch letzte Ruhestätte der Großherzoglichen Familien. Mit dem Tod von Prinzessin Margaret 1997 von Hessen und bei Rhein starb die Linie aus. Nicht zuletzt sorgen die Gräber und Mausoleen dafür, dass es auch an Sonn- und Feiertagen ruhigere Orte im Park gibt.

Rosenhöhe · 64287 Darmstadt · www.park-rosenhoehe.info

Niederstraße 27 · 64285 Darmstadt · www.nbh-darmstadt.de

Prinz-Emil-Garten

Dieser Garten hat eine lange Geschichte: Er wurde vor rund 250 Jahren angelegt. Zunächst beherbergte er zahlreiche barocke Gebäude, die aber im Laufe der Jahrhunderte abgerissen wurden. Das Prinz-Emil-Schlösschen ist noch heute Zentrum des Parks, wenn auch nicht mehr in der ursprünglich barocken Form. Um die Jahrhundertwende zum 20. Jahrhundert war es sogar von Mitgliedern der Herzoglichen Familie bewohnt.

Nachdem die Stadt den Park 1927 kaufte, musste sie einen großen Teil der Fläche veräußern, um mit den gewonnenen Mitteln den Park zu erhalten. Das Schlösschen wurde nach der Zerstörung im Zweiten Weltkrieg bis 1951 wieder aufgebaut. Heute beherbergt es ein Nachbarschaftsheim und steht so als Treffpunkt und sozialer Mittelpunkt den Bürgern des Stadtteils Bessungen zur Verfügung. Und ein Mittagsspaziergang um den Teich mit dem kleinen Wasserfall hebt die Laune ungemein. Auch zwei Spielplätze und ein Bolzplatz gehören zum Park.

Orangerie

Rauschende Feste der höfischen Gesellschaft – das war die ursprüngliche Nutzung des Orangerieparks. Doch bereits im Jahre 1802 wurde die Anlage für die Öffentlichkeit zugänglich gemacht. Es ist einer der Orte, die am ehesten die Illusion verbreiten können, in mediterranem Klima zu wandeln. Nicht zuletzt die Palmen tragen dazu bei. Überhaupt ist der Garten sehr offen, luftig und frei gestaltet.

Architektonisches Zentrum des Parks ist das Orangeriegebäude. 1719 wurde der Grundstein gelegt. Die größte Zerstörung richteten nicht die Bomber im Zweiten Weltkrieg an, sondern ein Großbrand 1774. Über die Jahrzehnte hinweg wurde der Bau ganz unterschiedlich genutzt: etwa als Ort für Konzerte und Ausstellungen in der Mitte des 19. Jahrhunderts, danach auch eine Zeit lang als Lazarett. Nach 1945 diente es 27 Jahre als Ausweichquartier für das Landestheater. Danach wurde es originalgetreu wiederhergestellt und steht seither den Bürgern für Veranstaltungen zur Verfügung. Das angrenzende ehemalige Gewächshaus beherbergt ein hervorragendes Restaurant.

Herrngartenstraße oder Jahnstraße · 64285 Darmstadt

Hofgut Oberfeld
Erbacher Straße 125
64287 Darmstadt

Tel. 06151/9504860
www.landwirtschaft-
oberfeld.de

Oberfeld

Heute ist das Oberfeld die Schnittstelle zwischen der Stadt und dem Wald. Westlich davon liegt die Rosenhöhe, von der aus man direkt zum Feld gelangt. Östlich beginnt der Wald, der sich über viele Kilometer hinzieht.

Idylle pur: Kühe grasen in der Sonne, das Geschnatter der (Weihnachts-)Gänse tönt in den Ohren, ebenso wie das Gegacker der freilaufenden Hühner. Seit rund zehn Jahren werden die Flächen nach biologisch-dynamischen Richtlinien bewirtschaftet. Interessant auch das Feld mit den kleinen Parzellen, die jedes Jahr an Bürger verpachtet werden. Hier können diese ihr eigenes Gemüse anbauen.

Die Pächter des Oberfelds wohnen auf dem angrenzenden Hofgut. So kann man im Oberfeldladen frische Rohmilch der Kühe kaufen oder auch in der eigenen Käserei hergestellte Käseleckereien. Im gleichen Gebäude wie der Laden befindet sich auch das Hofgut-Café, in dem es sich nach einem langen Spaziergang bei köstlichem Kuchen und gutem Kaffee erholen lässt.

Für Kinder ist das Hofgut ein wahres Paradies: Während die Erwachsenen ihr Getränk genießen, können die Kleinen im Heu toben oder mit Bobbycars Wettrennen fahren.

Bürgerpark Nord

Schuld ist der Ton: Der heutige Bürgerpark, seit 1974 angelegt, war früher einmal ein Abbaugebiet für Ton. Bereits in der Mitte des 19. Jahrhunderts gab man den Tonabbau auf und füllte einige der Gruben mit – tja, das weiß man heute nicht mehr so genau. Die nicht befüllten Gruben liefen mit Grundwasser voll. Das ist auch der Grund, weshalb diese weite Fläche mitten in der Stadt nicht als Baugrundstück genutzt werden konnte: Bei diesem unsicheren Untergrund wurden größere Bauplanungen bei Technik und Finanzierung unkalkulierbar.

Gut für die Darmstädter Bürger: In der Mitte des rund 100 Hektar großen Parks befinden sich zahlreiche Sportanlagen, die von den sportlicheren Heinern gerne und intensiv genutzt werden. Der nördliche Bereich dient der stillen Erholung. Vom im Norden gelegenen „Watzebuckel", dem 22 Meter hohen „Berg" im Park, hat man zudem einen schönen Überblick über die Stadt.

Martin-Luther-King-Ring / Kranichsteiner Straße
64289 Darmstadt

Zehn Dinge, die man nur in Darmstadt machen kann.

Okay. Jede Stadt hat ihren Stolz.

Darmstadt wird immer ein wenig das Provinzielle unterstellt, das sich nicht wirklich behaupten kann gegen die Frankfurter Metropole im Norden. Und auch die umliegenden Städte Wiesbaden und Mainz und das weiter südlich gelegene Heidelberg gebärden sich oft als Goliaths.

Trotzdem: Es gibt tatsächlich Dinge, die kann man nur in Darmstadt machen. Wichtig oder nicht? Das müssen Sie entscheiden. Aber wenn Sie alle zehn Punkte abarbeiten wollen, kommen Sie wahrscheinlich mit einem Besuchstag in Darmstadt nicht hin. Viel Spaß also bei dieser Liste.

Die Heiner lassen grüßen, wenn auch manchmal mit einem Augenzwinkern.

In einem Hochzeitsturm heiraten

In einem Turm heiraten, das kann man wohl in vielen Gemeinden des Landes. Das Ja-Wort in einem Hochzeitsturm gibt es jedoch nur in Darmstadt. Seit 1993 ist es hier möglich, die Ringe zu tauschen.

Der Hochzeitsturm ist ein Geschenk der Bürger der Stadt an ihren Großherzog Ernst Ludwig. 1908 wurde er eingeweiht als Erinnerung an die Hochzeit des Regenten mit Eleonore von Solms-Hohensolms-Lich im Jahre 1905 – übrigens der zweiten (!) Ehe des Herzogs. Der Turm ist ein Teil des Ensembles auf der Mathildenhöhe (siehe Seite 142). Das Ja-Wort gibt man sich auf der fünften Ebene im sogannten „Hochzeitszimmer".

Wenn man gerade nicht heiratet, kann man die Aussichtsplattform des Turms dennoch erklimmen oder bequem per Aufzug erreichen. Der Blick über die Stadt ist fantastisch und reicht bei gutem Wetter bis über die Rheinebene hinaus. Von hier oben erschließt sich einem sehr schnell, weshalb der Turm auch als „Stadtkrone" bezeichnet wird. Und der aufmerksame Besucher wird danach die Silhouette des Hochzeitsturms an ganz vielen Stellen in Darmstadt wiedererkennen: Der Turm ist nun einmal das Wahrzeichen der Stadt.

Alexandraweg 23   Tel. 06151/7019087
64287 Darmstadt   www.hochzeitsturm-darmstadt.com

Klappbacher Straße 172   Tel. 06151/425860
64285 Darmstadt   www.arge-heag.de

Mit einer originalen Dampfstraßenbahn fahren

Über 130 Jahre ist es her, dass durch Darmstadt eine Dampfstraßenbahn fuhr. Elf Jahre lang behauptete sich der „Feurige Elias" samt Anhängern allein auf den Schienen der Stadt. Dann setzten die Stadtväter auf Elektrifizierung – denn für den Innenstadtverkehr waren die Dampfloks zu schwerfällig. Doch außerhalb des Stadtzentrums ratterte der Elias weiterhin bis 1922. Erst dann wurde der Betrieb eingestellt und der Zug fiel in einen Dornröschenschlaf.

Der endete 1997, als Darmstadt den 100-jährigen Geburtstag seiner elektrischen Straßenbahn feierte. Seit damals verkehrt der Zug als Museums-Straßenbahn mehrmals im Sommerhalbjahr durch das Stadtgebiet und teilt sich die Schienen friedlich mit den elektrischen Kollegen.

Entweder steigt man einfach zu, wenn das Gespann nach Museumsbahn-Fahrplan an einigen Sonn- und Feiertagen durch die Stadt dampf – oder man mietet den gesamten Zug für den eigenen Firmenausflug, eine Geburtstagsfeier oder die Hochzeit.

Mitten in der Stadt durch einen Badesee schwimmen

Viele Städte haben ihre Wasseroasen außerhalb der Innenstädte platziert. Doch Darmstadt nimmt auch hier eine Sonderstellung ein: Es ist zwar eine der wenigen Großstädte Deutschlands, die nicht an einem Fluss liegen. Und dennoch ist es eine der wenigen Städte, in denen man mitten in der Stadt schwimmen kann.

Die Rede ist hier nicht von einem Hallenbad oder einem Freibad, sondern einem Badesee, in dem man die Möglichkeit hat, 200 Meter am Stück in eine Richtung zu schwimmen.

Der Darmstädter Woog – so der Name des Sees – wurde vor 450 Jahren ausgehoben. Zunächst als Fischteich, als Löschteich und Ort verschiedener großherzoglicher Spektakel. Seit rund 200 Jahren dient der See als Badesee. Zahlreiche auch internationale Wettkämpfe wurden hier ausgetragen, so zum Beispiel 1955 der Schwimmländerkampf Deutschland – Schweden. Heute ist der See Refugium für Schwimmer, Sonnenanbeter und Turmspringer. Wichtig dabei: Die Wasserqualität ist sehr gut. Und der Weg zum Bahnenziehen wahrlich nicht weit.

Badestelle „Familienbad"   Badestelle „Insel"
Landgraf-Georg-Straße 121   Heinrich-Fuhr-Straße 20
64287 Darmstadt   64287 Darmstadt
Tel. 06151/132393   Tel. 06151/132394

Mai – Sep. Sa. – Mo. 9 – 20 Uhr · Di. – Fr. 8 – 20 Uhr

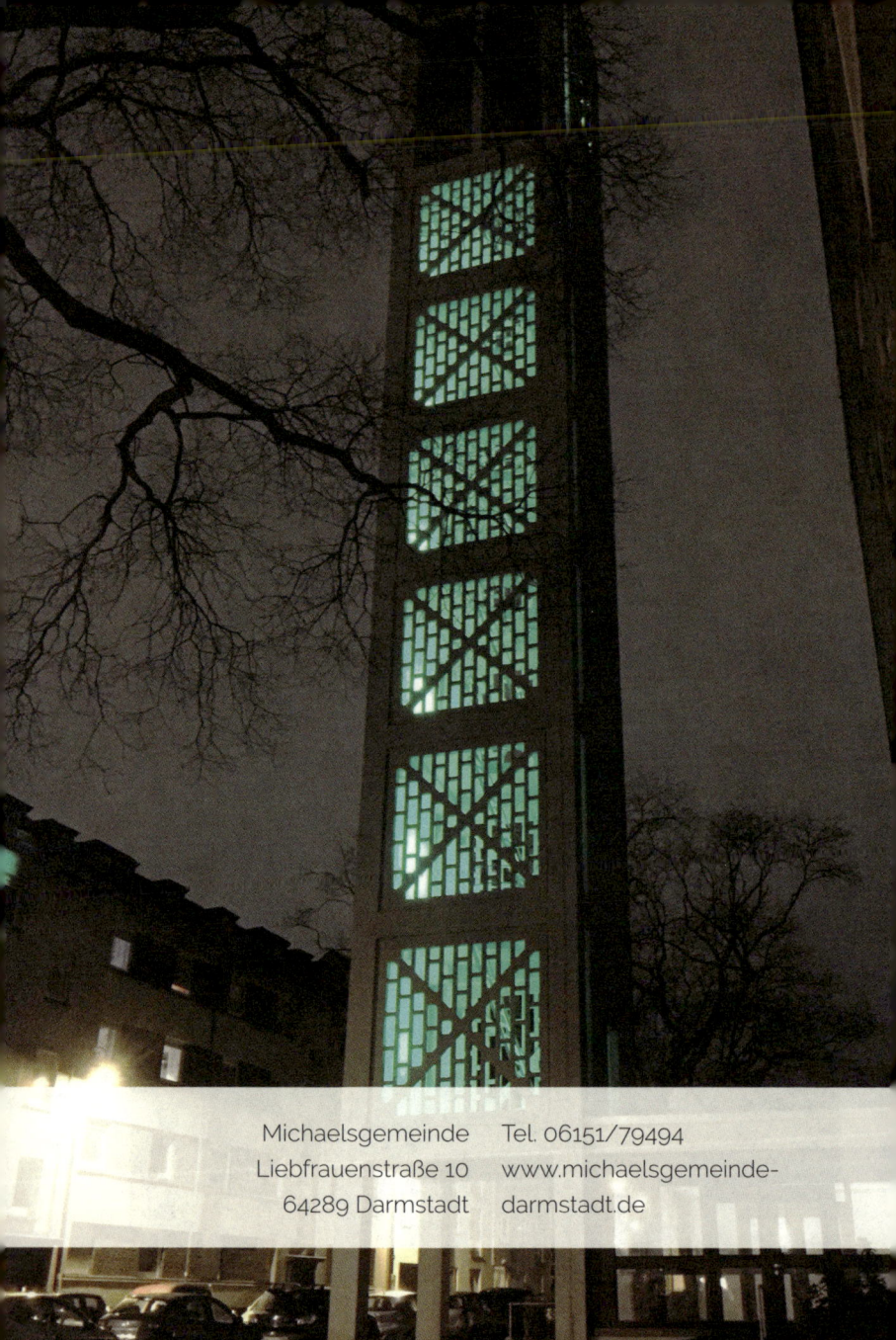

Michaelsgemeinde   Tel. 06151/79494
Liebfrauenstraße 10   www.michaelsgemeinde-
64289 Darmstadt   darmstadt.de

Einen Kirchenleuchtturm bestaunen

Kirchtürme, die von außen angestrahlt werden, gibt es viele. Einen Kirchturm, der über seine gesamte Höhe von innen heraus strahlt, den kann man nur in Darmstadt bestaunen. Er gehört zur Kirche der Michaelsgemeinde. Seit der Einweihung am Ostersonntag 1960 gilt diese als typisches Beispiel der Architektur aus den sechziger Jahren in Darmstadt. Die Kirche steht seit 2015 unter Denkmalschutz.

Bis vor wenigen Jahren leuchtete der Turm bunt. Das hat sich inzwischen geändert. Denn in der Liturgie haben bestimmte Farben bestimmte Bedeutungen. Deshalb werden auch beispielsweise der Altar oder die Kanzel einer Kirche in den Abschnitten des Kirchenjahres in auserwählten Farben geschmückt. Diese variieren bei evangelischen Kirchen zwischen Violett, Weiß, Rot und Grün.

Der strahlende Kirchturm kann zwischen dem Michaelstag (29. September) und Pfingsten in der Dunkelheit bestaunt werden. In den Sommermonaten hingegen ist der Turm nicht beleuchtet.

Tagsüber auf der Hauptverkehrsstraße laufen

Die Heiner feiern gerne. Und sie lieben ihre Stadt, so sehr, dass sie sich zweimal im Jahr die Freiheit nehmen, auch jenes Terrain zu begehen, dass eigentlich dem Autoverkehr vorbehalten ist. Dieses Gebiet ist ein Teil des sogenannten „Cityrings", Hauptverkehrsader durch die Stadt. Grund für die Okkupation der Hauptverkehrsstraße ist jeweils ein Stadtfest: Ende Mai wird in Darmstadt seit rund 20 Jahren das „Schlossgrabenfest" ausgerichtet, ein viertägiges Open-Air-Musikspektakel, das größte in Hessen. Mittlerweile vier Bühnen teilen sich Nachwuchsbands und die Top Acts der Charts. Bis zu einer halben Million Besucher verzeichnet das Festival jährlich.

Das Heinerfest folgt pünktlich einen Monat danach. Seit 1951 feiern die Darmstädter ihr Fest mitten in der Stadt. Mittlerweile besuchen rund 700.000 Menschen den Budenzauber. Da bleibt einem gar nichts anderes übrig, als an den Abenden und den Wochenendtagen die Straßen für die Autos zu sperren und für die Festbesucher freizugeben.

Ach ja: Wenn der Darmstädter Fußballverein SV 98 – genannt „die Lilien" – einen Aufstieg oder Klassenerhalt geschafft hat, zieht es alle Darmstädter auf den City Ring und in den dazugehörenden Wilhelminentunnel. Auch dann haben Autos dort einfach mal Pause. Ein Kuriosum? Sicher. Eine tolle Erfahrung? Ebenso unbestritten. Zumindest für die Fußgänger.

Schlossgrabenfesl · www.schlossgrabenfest.de · Immer Ende Mai

Heinerfest · www.darmstaedterheinerfest.de
Immer am ersten Juliwochenende im Jahr

Aufstieg oder Klassenerhalt der „Lilien":
Unregelmäßig. Aber immer am Ende der Fußballsaison.

Shakespeares Totenmaske anschauen

Shakespeare kennt jeder. Kein Schüler, der den Namen während seiner Schullaufbahn nicht gehört hat. Die meisten wissen, wo er geboren ist: Stratford upon Avon in England. Dort ist er auch gestorben. Aber seine Totenmaske – die ruht in Darmstadt. Und auch nur hier kann man sie bestaunen.

Es war der Mainzer Domherr Reichsgraf Ludwig von Kesselstatt, der die Maske im Jahr 1775 in England erworben haben muss. Nach dessen Tod verschwand sie zunächst. 1849 entdeckte sie der Darmstädter Ludwig Becker in einem Mainzer Trödelladen. Über die kommenden 200 Jahre hinweg stritten sich die Wissenschaftler trefflich darüber, ob die Maske echt wäre oder nicht.

Bis heute ist die Frage – so muss man gerechterweise sagen – nicht abschließend geklärt, wenn auch sehr viel für die Echtheit spricht. Die Entnahme von DNA-Spuren aus dem Grab wurde bislang verwehrt – so lässt sich eine eindeutige Zuordnung nicht zu 100 Prozent verifizieren. Und dennoch: Solange das Gegenteil nicht bewiesen ist, hat Darmstadt die Shakespeare-Totenmaske. Zu bestaunen in der Universitäts- und Landesbibliothek im Untergeschoss. Kostenlos. Einfach so.

Einfach so durch einen privaten Garten streifen

Die Welt heute ist geteilt in öffentliche Parks und private Gärten. Das stimmt – wenn auch nicht ganz für Darmstadt. Hier gibt es im Prinz-Christians-Weg einen Garten von Henry Nold. Und er ist für jeden Besucher offen. Das ganze Jahr über.

Das heißt: Kein Eintritt, keine Anmeldung, keine Planung. Wer den Garten besichtigen möchte, kann dies tun.

Und das lohnt sich: kleine Brunnen, zahlreiche Skulpturen, Bänke, die zum Ausruhen und Verweilen einladen – der Garten ist eine wahre Oase inmitten der Stadt. Auch hier gilt: entdecken, auf sich wirken lassen, entspannen.

Prinz-Christians-Weg 13   Tel. 0178/8025400
64287 Darmstadt   www.mathildenhoehe.org

U

U 9¾ Richtung Hogwarts

Schloßgraben 1 · 64283 Darmstadt

Nach Hogwarts reisen

Vom Londoner Bahnhof King's Cross fährt jährlich am 1. September um 11 Uhr der Hogwarts-Express zum Bahnhof Hogsmeade in Schottland – und zwar vom Gleis neundreiviertel. Harry Potter und seine Freunde gehen dort auf die Zauberschule Hogwarts. So zumindest schreibt es die Schriftstellerin Joanne K. Rowling in ihren Romanen. Doch offensichtlich ist ihr nicht zu Ohren gekommen, dass es einen zweiten Zugang zum Zaubergleis gibt: in Darmstadt. Im August 2016 installierte die Bildhauerin Carola Keitel im Rahmen des Kunstforums der Technischen Universität eine ihrer Arbeiten mit dem Titel „Out of order": Das Metallgestänge steht unmittelbar neben dem Kongresszentrum. Kunst, die zu Kunst inspirierte: Unbekannte haben in Keitels Kunstwerk dessen wahre Bestimmung erkannt und ein entsprechendes Schild angebracht: Hier geht es zum Gleis neundreiviertel. Nach einem „Bekennerbrief" an die Ausstellungsmacherin Julia Reichelt entschied der Kanzler der Technischen Universität: Das Schild darf bleiben. Eine Attraktion mehr in Darmstadt!

Durch ein
Wasserreservoir laufen

Wasser – wenn wir den Hahn aufdrehen, machen wir uns wenig Gedanken darüber, woher das Wasser eigentlich kommt. Lange Zeit kam es für die Darmstädter aus dem alten Wasserreservoir Darmstadts, gelegen im Erdgeschoss des Ausstellungsgebäudes auf der Mathildenhöhe. Eigentlich war dieses Gebäude zuerst da, 1880 fertiggestellt, bis die Stadtverantwortlichen beschlossen, das Reservoir 1906 um die Räumlichkeiten für Ausstellungen aufzustocken.

Bis 1994 diente das Wasserreservoir den Darmstädtern als zuverlässiger Lieferant von Frischwasser. Und auch heute noch befindet sich darin das kühle Nass. Das liegt daran, dass die Klinkersteine mit Kalkmörtel, der mit Eiweiß veredelt wurde, vermörtelt wurden. Deshalb ist das Reservoir nach wie vor wasserdicht. Der Haken an der Sache: Unterschreitet die Luftfeuchtigkeit in den Räumen dauerhaft einen gewissen Wert, wird der Mörtel porös. Daher bleiben stets zwei Handbreit Wasser in den Becken. Und es dient bis in die Gegenwart als Pufferspeicher.

Und ein paar Mal im Jahr öffnen sich die Türen für Besucher, die dann in Gummistiefeln durch die beiden Kammern geführt werden.

Mathildenhöhe · 64287 Darmstadt · www.mathildenhoehe.eu

Mit einem Autor auf den Spuren seiner Krimis wandeln

Krimitouren zu den Schauplätzen der Verbrechen aus Romanen sind inzwischen zahlreich. So kann man beispielsweise auf Führungen in Ystad in Schweden auf den Spuren des Kommissars Wallander von Henning Mankell wandeln.

Doch wo führt der Schriftsteller selbst?

In Darmstadt.

Der Autor dieses Buches hat schließlich auch die Darmstadtkrimis um die Kommissare Steffen Horndeich und Margot Hesgart ersonnen. Und während die Fälle fiktiv sind, sind es die Orte keineswegs: Die Ermittler bewegen sich stets durch die sympathische Klein-Metropole in Südhessen.

Auf seinen Touren entlang der Spuren erfahren die Spaziergänger vieles über die Stadt, ein wenig über deren Geschichte und sehr viel über die Krimi-Geschichten: Eine Leiche im Woog, eine auf der Mathildenhöhe – vieles wird aus den Büchern der vergangenen zehn Jahre plötzlich ganz lebendig!

Dank

Ein solches Projekt kann nur gelingen durch die vielen Menschen, die helfen, es gelingen zu lassen. Auch wenn ich jetzt keine einzelnen Namen nenne, Ihr alle da draußen wisst, wie Ihr mir geholfen habt, dass „Best of Darmstadt" überhaupt entstehen konnte. Vom gemeinsamen Brainstorming im Biergarten über Fotos bis zu Tipps und Ratschlägen – kein „Best of Darmstadt" ohne „Best of friends"! Danke!

Ebenfalls danken möchte ich dem Team vom Societäts-Verlag, das dieses Projekt möglich gemacht hat. Merci!

Tja, und dann ein Dank an die Stadt, in der ich lebe. Ohne die gäbe es „Best of Darmstadt" natürlich auch nicht. Schön, dass es dich gibt, meine (Wahl-)Heimatstadt!

Bildnachweis

Alle Bilder von Michael Kibler, außer auf den Seiten:

Ingeburg Kibler: 14, 122, 161, 163, 176
Hotel friends: 19, 20, 21
Hotel Bockshaut: 22, 24, 25
Jagdschloss Kranichstein: 32, 33, 34
Asia Dang Dragon: 36, 62 unten, 63
Christian Lippert: 51, 52, 53
Khan: 56, 57
Sitte: 66, 68, 69
Gregor Pfitzer: 70, 73 unten
Andreas Muck: 73 oben
Marion Pepper: 72
Klaus Schlösser: 97
Rühmann's: 113, 114
Havanna: 114, 116, 117
Manfred Werner: 121
Bessunger Knabenschule: 128
Michael Hulder/Wikipedia: 136
Andreas Praefke/Wikipedia: 134
Theater Mollerhaus: 138, 139
Hanne Lüdeling: 196

Persönliche Best-of-Adressen: